Komasan

Rebelcebú

Adaptación de Nathalie Lescaille Moulènes a partir del episodio 7,
«La aparición de Komasan», de la serie de televisión *Yo-kai Watch*.

©de esta edición: Editorial Planeta, S. A., 2017
Avda. Diagonal, 662-664, 08034 Barcelona (España)
www.planetadelibros.com
Primera edición: febrero de 2017
ISBN: 978-84-08-16768-6
Depósito legal: B. 1.041-2017
Impreso en España

YO-KAI WATCH®

BIENVENIDO, KOMASAN

Como todos los miércoles, Nathan va a Miam Burger a comprar un delicioso helado italiano. Sin embargo, cuando está a punto de darle un lametazo, se queda tan sorprendido como enfadado.

—**¡Esto no puede ser!** —exclama—. ¡Falta helado! ¡La máquina debe de haberse estropeado!

—¿Por qué dices eso? —le pregunta su amigo Whisper.

Nathan señala con el dedo una de las fotografías del mostrador.

—Mira, normalmente, son cuatro vueltas de helado. ¡El mío **sólo tiene tres!**

—Pero el sabor es exactamente el mismo —se burla Whisper—. La cantidad de vueltas no importa.

Nathan no está de acuerdo en absoluto.

—He pagado dos euros y sólo me han puesto tres vueltas —dice indignado—. No es justo, **¡quiero mis cuatro vueltas de helado!**

Nathan sospecha cuál es la causa del problema.

—Estoy seguro de que algún **Yo-kai** se está riendo de mí.

—Es del todo improbable —afirma Whisper—. Que los Yo-kai se oculten entre nosotros no quiere decir que sean responsables de todo lo que sucede.

Sin embargo, Nathan ya ha activado el **Yo-kai Watch** para comprobar si hay algún Yo-kai merodeando por la zona.

Y… **¡bingo!** Descubre a un Yo-kai adorable que, precisamente en ese momento, está lamiendo poco a poco el helado de otro cliente. Ha llegado el momento de pedir al pequeño goloso que rinda cuentas.

—¿Quién eres? —le pregunta Nathan.

—Me llamo **Komasan,** ¡es un honor conocerte! —exclama el Yo-kai con un acento que sorprende a Nathan.

—Como es de pueblo, habla de una manera un poco distinta a la nuestra —le explica Whisper.

En ese momento, una bandeja repleta de helados llama la atención del Yo-kai… **¡Está a punto de abalanzarse sobre ellos!** Pero Nathan lo detiene en seco.

—Explícame de dónde viene esa obsesión por los helados. ¿De verdad no puedes resistirte a ellos?

—**¿Cómo?** ¿No sabes la respuesta? —lo interrumpe Whisper—. Para un Yo-kai, no hay nada más delicioso que los helados de los demás.

Komasan asiente. Luego se lanza sobre el tirabuzón que corona la cabeza de Whisper. ¡Lo ha confundido con **un helado!**

Komasan decide explicarle su historia a Nathan.

—Ese día fue el primero que fui a una feria. **¡Jolines!** Me fascinaban los colores, los espectáculos… De repente, vi a dos personas comiéndose un helado…

—**Y se los robaste** —adivina Nathan.

—Es que… ¡Hacía tanto tiempo que soñaba con probar uno! —se justifica Komasan mientras recuerda con nostalgia ese inolvidable momento de glotonería.

—¿Es que no había helados en tu pueblo? —pregunta Nathan, sorprendido.

El rostro de Komasan se ensombrece.

—De donde provengo **no hay ni un puesto de helados.**

—¿Por eso has decidido venir aquí? —deduce Nathan.

—Sí, he decidido desembarcar en la ciudad, como decimos en mi pueblo —afirma el Yo-kai.

—Ahora, cuando tengo ganas de probar una de esas divinas exquisiteces, **¡me vengo «p'aquí»!** —explica Komasan—. Hay helados por todas partes. ¡Soy más feliz que una perdiz!

Nathan abre los ojos como platos. Aún no se ha acostumbrado a la peculiar manera de hablar de este Yo-kai.

Whisper está nervioso.

—Si se queda en el barrio —le susurra a Nathan—, las pérdidas de helado serán **catastróficas.**

—¡Llevémoslo a visitar la ciudad! —sugiere Nathan—. Quizás se encapriche de otro sitio y se quede allí a robar helados.

Así que Nathan y Whisper acompañan a Komasan a conocer la ciudad. Al principio, el Yo-kai se asombra ante todo lo que ve.

—**¡Jolines!** Esta ciudad es aún más impresionante que un pueblo de la campiña el día que se vacían los graneros —exclama, extasiado.

Por desgracia para Komasan, la visita se acaba torciendo. El pobre tiene **miedo** de cruzar la calle, casi se desmaya entre una multitud de peatones e incluso la tapa automática de los aseos públicos **lo ha dejado pasmado.**

—**¡Jolines!** —exclama Komasan ante la menor novedad.

Nathan intenta tranquilizarlo constantemente.

—Jamás hubiera pensado que una sencilla visita turística pudiera llegar a ser tan estresante —suspira, algo exasperado.

De repente, **oyen otro grito.**

—¿Qué pasa ahora? —masculla Nathan mientras se gira.

¡Oh, no! ¡Esta vez Komasan está en peligro de verdad! **Rebelcebú**, el Yo-kai rebelde, lo ha arrinconado al final de un callejón. ¡Ha caído en la trampa!

—Te he visto hace un ratito, pequeño pueblerino —dice Rebelcebú con voz amenazadora—. **¡Dame todo tu dinero!**

—¡Pero si no llevo dinero encima, señor! —solloza Komasan, aterrorizado.

—**¡Empieza a saltar!** —le ordena Rebelcebú—. ¡Quiero oír el tintineo de las monedas!

Nathan llega corriendo antes de que Komasan haya tenido tiempo de cumplir la orden. Cazado con las manos en la masa, Rebelcebú huye sin pedir nada más. **¡Uf!**

—¿Cómo estás? ¿Te ha hecho algo, Komasan? —pregunta Nathan.

—Estoy bien, gracias —susurra el Yo-kai, que aún tiembla de miedo—. Pero en la ciudad me siento más vulnerable que un corderito entre una manada de lobos… Creo que, al final, **esto no es para mí.**

Nathan tranquiliza a Komasan.

—No te preocupes, a veces hace falta algo de tiempo para acostumbrarse. **¡Rebelcebú no volverá a molestarte!**

—Gracias por el consuelo, amigo; pero creo que ha llegado el momento de volver a casa —responde Komasan—. Echo de menos mi campiña natal.

—La vida es mucho más agradable allí —prosigue—. Prefiero regresar. Bueno, adiós, Nathan y eh…

Al ver el tirabuzón blanco de Whisper, se acuerda de su nombre, o casi…

—¡Ah, sí! **¡señor Helado!**

—**¡Whisper!** —responde este último, irritado.

Entonces, Komasan le entrega a Nathan su **medalla Yo-kai**.

—Muchas gracias por tu amabilidad, amigo. Conocerte ha sido...

—¡Ya lo sé! **¡Jolines!** —exclama Nathan entre risas.

¡El lenguaje de Komasan ya no tiene secretos para él!

FIN

Nathan

Whisper